PAIDEIA
ÉDUCATION

NIKOLAÏ GOGOL

Le Révizor

Analyse littéraire

© Paideia éducation.

22 rue Gabrielle Josserand - 93500 Pantin.

ISBN 978-2-75930-466-0

Dépôt légal : Septembre 2023

Impression Books on Demand GmbH

In de Tarpen 42

22848 Norderstedt, Allemagne

SOMMAIRE

- Biographie de Nikolaï Gogol.................................... 9

- Présentation du *Révizor*.................................... 15

- Résumé de la pièce.................................... 19

- Les raisons du succès.................................... 35

- Les thèmes principaux.................................... 41

- Étude du mouvement littéraire.................................... 49

- Dans la même collection.................................... 55

BIOGRAPHIE DE NIKOLAÏ GOGOL

Basile Afnassiévitch Gogol-Yanovski et Marie Ivanovna Kossiarovskaïa, tous deux issus de la petite noblesse ukrainienne, se marient en 1805 et donnent naissance cinq ans plus tard à Nikolaï Vassiliévitch Gogol-Yanovski, le 1er avril. Il est l'aîné de douze enfants, mais un seul de ses frères et quatre des ses sœurs survécurent. Nikolaï Gogol est de santé fragile.

Il passe son enfance dans la propriété familiale et passe souvent ses vacances chez un cousin de sa mère qui possède un théâtre privé où sont jouées des pièces écrites par son père. L'un de ses frères meurt quand il est au collège. Entre 1821 et 1828, Gogol est un élève médiocre, agité. Il organise un théâtre et ses talents d'acteur et d'imitateur sont remarqués par ses professeurs. Ses études de droit le préparent à travailler dans l'administration publique. Son père meurt en 1925. À partir de cet événement traumatique, Nikolaï Gogol ne cessera de devenir de plus en plus moralisateur.

En décembre 1828, il part pour Saint-Pétersbourg avec un ami et son valet. Quatre mois plus tard, il publie un poème, « Italie », dans la revue *Le Fils de la Patrie*. En juin, il publie le poème « Hans küchelgarten » sous le pseudonyme de V. Alov. Ce poème fait l'objet de critiques acerbes. Gogol s'empresse de retirer tous les exemplaires de la vente et de les brûler. Il considère cet évènement comme la pire honte de sa vie. Il trouve un petit poste de fonctionnaire au ministère de l'Intérieur. Sa mère lui fournit des histoires et des anecdotes pour qu'il puisse écrire *Les Veillées du hameau*. En 1830, il tente de devenir acteur, mais échoue.

L'année suivante il publie *La Femme* sous son véritable nom et un essai critique sur *Boris Godounov* de Pouchkine dans la revue *La Gazette littéraire*. Un de ses amis lui procure le poste de professeur d'Histoire à l'Institut patriotique.

En mai, il rencontre Pouchkine et entre dans les milieux littéraires. En 1831 et 1832, il publie les deux tomes de *Les Veillées du hameau*. Il rencontre Michel Chtchepkine, grand acteur comique. Pour sa publication de *La Brouille*, Gogol est surnommé « Paul de Kock petit-russe » par le critique Ossip Senkovski. L'année 1835 est prolifique : publication des *Arabesques*, de *La Perspective Nevsky*, du *Portrait* et du *Journal d'un fou*, de *Tarass Boulba*, un roman. Il fait des lectures pour *Prétendants* et *Hyménée* qui remportent un fort succès.

Pouchkine raconte l'histoire d'un escroc à Gogol, qui deviendra le sujet des *Âmes mortes*. Pouchkine lui raconte également l'histoire du Paul Svinine qui fut pris pour un envoyé du gouvernement en Bessarabie. Gogol écrit le *Révizor* avant la fin de l'année. *Le Nez*, lu en 1836, est couronné de succès. *Le Révizor*, quant à lui, représenté devant l'empereur et la haute société scandalise : les conservateurs y voient une critique de l'empire et les libéraux une critique des institutions corrompues. L'année s'écoule, Pouchkine meurt lors d'un duel à Saint-Pétersbourg. Gogol était à Paris et part pour l'Italie. Son ami Joseph Vielgorski meurt deux ans après, il est traumatisé.

Il consacre l'année 1839 à la réécriture de ses œuvres et à l'écriture de nouvelles dont *Le Manteau*. Pendant trois ans, il travaille avec enthousiasme sur l'écriture des *Âmes mortes*. En juillet 1841, *Les Âmes mortes* sont soumises à la censure qui exige plusieurs modifications. La première partie des *Âmes mortes* est publiée l'année suivante. Sa comédie, *Hyménée* est représentée à Saint-Pétersbourg, elle obtient une opinion défavorable. Il devient de plus en plus pieux et s'intéresse de plus en plus aux textes religieux. Il est mécontent de son travail et ne cesse de voyager en Europe : Italie,

France, Russie, Allemagne, Autriche.

En décembre 1846, il publie des *Extraits choisis de sa correspondance* pour se racheter du mal qu'ont fait ses livres. Le public est consterné par le tournant mystique et prophétique de ses lettres. Gogol soumet ses lettres au père Matthieu Constantinovsky qui lui demande de renoncer à ses écrits. Bielinski soustrait des écrits de Gogol une peur maladive de la mort, du diable et de l'enfer. 1848, Gogol part pour Jérusalem. À son retour, Il recommence à travailler les *Âmes mortes* et à voyager. Gogol est de plus en plus faible et fait souvent des crises de dépression. Madame Khomiakov meurt, il abandonne tout projet et se prépare à la mort. Dans la nuit du 11 février 1852, Gogol ordonne à son serviteur de jeter la deuxième partie des *Âmes mortes*, il lui obéit. Il meurt le 21 février 1852 à huit heures du matin.

PRÉSENTATION DU RÉVIZOR

Chef-d'œuvre dramatique de Nikolaï Gogol, *Le Révizor* est une comédie en cinq actes inspiré d'un fait réel. Alexandre Pouchkine, romancier et dramaturge issu de la génération précédente et admiré par Nikolaï Gogol, lui fournit l'anecdote : l'un de ses amis d'origine pétersbourgeoise lors de l'un de ses séjours en province russe est pris pour un inspecteur de l'administration de l'Empire.

Joué la première fois en présence de l'empereur, Nicolas 1er, au Théâtre Alexandra, théâtre impérial de Saint-Pétersbourg, *Le Révizor* fait scandale : les conservateurs s'insurgent contre cette prétendue critique des institutions russes et les libéraux s'emparent de la pièce en leur faveur. Scandaleux, succès né d'un malentendu, *Le Révizor* attire le public et devient un chef d'œuvre de la littérature russe et ukrainienne.

Déçu par cette première représentation, Nikolaï Gogol fait naître plusieurs versions de la pièce, la première jouée en 1836, est substituée par une version arrangée en 1842. À défaut d'être une critique acerbe directement faite contre l'empire russe et son système de gouvernance, *Le Révizor* témoigne du malaise autour de l'administration publique russe, de ses dérives, de son autorité tyrannique et de sa corruption.

RÉSUMÉ DE LA PIÈCE

N'accuse pas le miroir si tu as la gueule de travers (proverbe).

Personnages

Anton Antonovitch Skvoznik-Dmoukhanovski, *bourgmestre*
Anna Andréïevna, *son épouse*
Maria Antonovna, *sa fille*
Louka Loukitch Khlopov, *inspecteur des collèges*
Son épouse
Ammos Fiodorovitch Liapkine-Tiapkine, *juge*
Artémi Filippovitch Lafraise, *curateur des œuvres de charité*
Ivan Kouzmitch Chpékine, *directeur des postes*
Piotr Ivanovitch Dobtchinski
Piotr Ivanovitch Bobtchinki, *propriétaires fonciers*
Ivan Alexandrovitch Khlestakov, *fonctionnaire de Saint-Pétersbourg*
Ossip, *son valet*
Christian Ivanovitch Giebner, *médecin du district*
Fiodor Andréïevitch Lioulioukov
Ivan Lazarévitch Rastakovki
Stépane Ivanovitch Korobkine, *fonctionnaire à la retraite, notable de la ville*
Stépane Ilitch Ouhovertov, *commissaire de police*
Svistounov
Pougovitsyne
Dierjimorda, *gendarme*
Abdouline, *marchand*
Févronia Pétrovna Ppchliopkina, *femme du serrurier*
La femme du sous-officier
Michka, *valet du gouverneur*
Le garçon de la taverne
Invités, marchands, bourgeois, solliciteurs

Acte I

Scène 1

Le bourgmestre a reçu une lettre d'un ami : un inspecteur est envoyé de Saint-Pétersbourg pour contrôler les provinces. Il lit la lettre à Ammos Fiodorovitch, Artémi Filippovitch et Louka Loukitch. Chacun d'entre eux devra soigner les apparences de leurs entreprises respectives : le tribunal, les locaux des œuvres de charité et les établissements scolaires.

Scène 2

Le directeur des postes les rejoint. Le bourgmestre a peur que les marchands et les bourgeois par vengeance se soient plaints et que le révizor est le résultat de cette plainte. Le directeur des postes est sommé de surveiller le courrier et de faire connaître les lettres rapportant au révizor.

Scène 3

Dobtchinski et Bobtchinki entrent affolés : un jeune homme vient d'arriver en ville, un fonctionnaire de Saint-Pétersbourg : Ivan Alexandrovitch Khlestakov. Il habite à l'hôtel depuis deux semaines sans payer et se comporte de façon étrange. Tous paniquent, le bourgmestre surtout qui fait appeler le commissaire par le gendarme. Tous partent, mais ils tombent sur le gendarme qui revient.

Scène 4

Le bourgmestre se prépare à aller accueillir le révizor et donne l'ordre que toutes les rues qui partent de l'auberge soient balayées.

Scène 5

Le bourgmestre veut remettre de l'ordre et demande que l'on mente : les habitants de la ville sont heureux, les ruines sont en construction (les locaux des œuvres de charité en reconstruction soi-disant après la déclaration d'un incendie), ainsi de suite. Tous sortent.

Scène 6

Anna Andréïevna et Maria Antonovna se précipitent sur scène. La mère veut savoir ce qui se passe, elle est énervée et malmène sa fille, se moque d'elle.

Acte II

Scène 1

Ossip est couché sur le lit de son maître dans une chambre d'hôtel. Il rêvasse. Son maître, le jeune homme, est fauché : il joue au jeu, perd, gagne, perd plus qu'il ne gagne. Son père lui donne de l'argent de temps à autre. Il dépense tout et vit au dessus de ses moyens.

Scène 2

Khlestatov veut manger, mais le patron ne veut plus lui faire crédit tant qu'il n'aura pas remboursé ce qu'il doit et menace de le jeter en prison. Ossip refuse de demander un déjeuner au patron et préfère le ramener à son maître.

Scène 3

Khlestatov est seul, a faim et maudit le capitaine d'infanterie qui a raflé la mise.

Scène 4

Ossip revient avec le garçon de l'hôtel, Khlestatov tente de le convaincre de lui apporter de quoi manger.

Scène 5

Khlestatov préfèrerait crever de faim plutôt que de vendre un de ses vêtements. Il a mal au cœur tellement il a faim.

Scène 6

Le garçon revient avec un dernier déjeuner : deux plats. Khlestatov s'insurge et en veut plus et le meilleur. Il refuse de manger de la soupe, le garçon menace de la reprendre, alors il la mange en pestant. Puis vient le tour du rôti, il le mange et traite le garçon de canaille et de voleur.

Scène 7

Ossip entre, le bourgmestre se renseigne sur Khlestatov. Ce dernier se révolte avec mépris et prend peur en même temps, il pâlit et se recroqueville.

Scène 8

Le bourgmestre et Khlestatov ont tous deux peur d'aller en prison, ils se défendent, sans se comprendre. Finalement, le bourgmestre croit que Khlestatov le teste et paie l'aubergiste à sa place. Chacun est rassuré. Le bourgmestre croit jouer à un jeu et invite le faux révizor à habiter chez lui.

Scène 9

Khlestatov demande à payer au garçon, mais le bourgmestre évince le problème en renvoyant le garçon. Khlestatov s'intallera chez le bourgmestre selon son offre.

Scène 10

Le bourgmestre propose au faux révizor de visiter la ville dont les œuvres de charité, le collège et la prison. Il refuse la prison et accepte le reste. Le bourgmestre envoie un mot à sa femme et Ossip a pour devoir d'emmener les valises de son maître chez le bourgmestre.

Acte III

Scène 1

Anna Andréïevna et Maria Antonovna sont assises devant la fenêtre, la mère peste de ne pas savoir. Dobtchinski arrive.

Scène 2

Anna Andréïevna l'interroge sur le révizor : il lui raconte tout en détail, mais de manière décousue. Puis elle lit le message que son mari lui a écrit et envoie tout le monde préparer le chambre et chercher du vin pour le soir même.

Scène 3

Anna Andréïevna et Maria Antonovna se chamaillent sur le choix des toilettes à porter et critiquent le choix de l'une et de l'autre.

Scène 4

Ossip traîne la valise de son maître, il est épuisé, le ventre vide. Il s'adresse à Michka, lui demande la direction et de quoi manger. Michka l'aide à porter la valise.

Scène 5

Khlestatov entre, suivi du bourgmestre, du curateur des œuvres de charité, de l'inspecteur des collèges, de Dobtchinski et de Bobtchinski. Le bourgmestre se vante de son honnêteté et de son désintérêt pour le profit. Il décrit la ville comme un havre de paix. Par ailleurs, quand Khlestatov lui demande s'il est possible de jouer, le bourgmestre s'insurge contre ce vice.

Scène 6

Les deux femmes sont présentées à Khlestatov. Le bienheureux s'enflamme et ment délibérément : il prétend être un grand écrivain de roman et de théâtre, un mondain connu des grands et des petits, certains l'appellent Général ou Excellence. Il donne des bals également et les invite à venir lui rendre visite à Saint-Pétersbourg.

Scène 7

Dobtchinski et Bobtchinski s'engagent à répandre la nouvelle dans la ville : le révizor est bien plus haut gradé qu'un Général !

Scène 8

Anna Andréïevna et Maria Antonovna ont été séduites par Khlestatov et se chamaillent encore pour savoir, cette fois-ci, qui aura l'honneur de ses faveurs.

Scène 9

Le bourgmestre confie à sa femme que Khlestatov doit bien mentir, mais la moitié de ce qu'il dit doit être vraie. Khlestatov est complètement saoul et multiplie les mensonges. Anna Andréïevna sous-entend qu'elle désire profiter de l'attirance que Khlestatov a pour sa fille.

Scène 10

Anna Andréïevna, Maria Antonovna et le bourgmestre, tour à tour, tentent de soutirer des informations à Ossip : quelles sont les exigences de Khlestatov quand il voyage ? Quelle couleur d'yeux préfère-t-il ou encore quel genre de société côtoie-t-il ?

Scène 11

Svistounov et Dierjimorda entrent et menacent de réveiller le faux révizor. Le bourgmestre les ordonne de filtrer les gens pouvant entrer chez lui : s'ils ont à se plaindre, ils n'ont pas le droit d'entrer.

Acte IV

Scène 1

Ammos Fiodorovitch, Artémi Filippovitch, le directeur des postes, Louka Loukitch, suivis de Dobtchinski et Bobtchinski entrent dans la même pièce que la veille, ils se battent pour savoir qui va graisser la patte de Khlestatov. Ils parlent bas pour ne pas le réveiller car il est à côté. Un bruit derrière le mur, ils sortent tous effrayés.

Scène 2

Khlestatov est seul dans la salle, ensommeillé, il aime à ce qu'on le contente ainsi, généreusement et sans aucune idée derrière la tête.

Scène 3

Ammos Fiodorovitch entre, il angoisse et débite les informations quand Khlestatov l'interroge sur sa profession de juge. Khlestatov lui demande de lui prêter de l'argent, Ammos Fiodorovitch croit la transaction faite sous couvert d'un prêt, et sort de la pièce.

Scène 4
Le directeur des postes entre, Khlestatov a l'idée d'emprunter de l'argent à son nouvel interlocuteur. Celui-ci accepte volontiers : trois cents roubles. Le directeur fait des courbettes et sort.

Scène 5

L'inspecteur des collèges entre. Khlestatov lui offre un cigare, épouvanté, il le fait tomber. Khlestatov renouvelle sa demande de prêt de trois cents roubles. L'inspecteur des collèges lui accorde.

Scène 6

Artémi Filippovitch remplace l'inspecteur des collèges et contrairement à ses concitoyens, il les accuse d'être de mauvaises gens et de mal faire leur travail. Il mettra tout par écrit. Khlestatov lui demande quatre cents roubles, qu'il lui donne.

Scène 7

Dobtchinski et Bobtchinski entrent ensemble. Khlestatov leur demande directement de l'argent : mille roubles ! Ils ne les ont pas, cherchent, se les demandent mutuellement, ils n'ont même pas cent roubles. Dobtchinski et Bobtchinski demandent chacun une requête que Khlestatov promet de réaliser.

Scène 8

Khlestatov regrette un peu d'avoir prétendu être un haut fonctionnaire, pourtant ses mille roubles lui font oublier ce regret. Il décide d'écrire à un de ses amis journaliste pour dire du mal des habitants de la ville.

Scène 9

Il commence sa lettre. Ossip le convainc de ne pas rester

un jour de plus, par inquiétude. Khlestatov demande à ce que la lettre soit envoyée et demande à avoir une troïka pour le voyage. Des voix surgissent, celles des marchands, ils veulent tous faire des requêtes.

Scène 10

Les marchands suivent avec des denrées alimentaires. Ils se plaignent du bourgmestre qui profite de son autorité pour les voler. Khlestatov s'insurge et leur promet de faire quelque chose. Il demande un emprunt et Ossip accepte les denrées. Les femmes se font entendre. Les marchands sortent.

Scène 11

Elles entrent. Le bourgmestre a envoyé le mari de l'une à l'armée, de force, parce qu'elle n'a pas pu le corrompre. Une autre femme a été fouetté alors qu'elle était innocente, juste parce qu'elle a assisté à une bagarre entre deux commères. Khlestatov en a marre et les fait sortir.

Scène 12

Maria Antonovna entre par mégarde, elle cherche sa mère. Khlestatov lui prie de rester ; ils s'assoient. Il lui fait la cour, s'approche de trop près. Indignée, elle se lève et veut partir, sa mère arrive et voit Khlestatov à genoux devant sa fille.

Scène 13

Maria Antonovna réussit à s'échapper de l'emprise de Khlestatov. Toujours à genoux, Khlestatov déclare son amour à la mère et lui demande de l'épouser.

Scène 14

Maria Antonovna resurgit et les prend sur le fait. Sa mère l'accuse de ne pas savoir les bonnes manières du monde. Khlestatov déclame son amour pour Maria Antonovna. La mère gronde la fille qui s'excuse immédiatement.

Scène 15

Le bourgmestre arrive affolé : marchands et femmes ne sont que des menteurs. Il crie à la calomnie. Son épouse intervient et lui annonce que le révizor veut prendre sa fille pour épouse. Le bourgmestre les bénit, les deux fiancés s'embrassent.

Scène 16

Ossip arrive, les chevaux sont prêts. Khlestatov prétend partir un jour chez son oncle riche et de revenir tout de suite après pour le mariage. Le bourgmestre lui prête de nouveau de l'argent. Ils partent, laissant la ville derrière eux.

Acte V

Scène 1

Anna Andréïevna et le bourgmestre s'imaginent déjà haut gradés, vivre à Saint-Pétersbourg, manger du poisson fameux et devenir la maison incontournable du tout Pétersbourg. Le bourgmestre fait appeler les marchands pour les punir de leurs plaintes.

Scène 2

Les marchands arrivent, le bourgmestre annonce la nouvelle des fiançailles. Les marchands lui demandent pardon immédiatement. Ils s'en vont.

Scène 3

Plusieurs habitants de la ville et amis du bourgmestre se rendent chez lui pour le congratuler.

Scène 4

De nouveaux habitants arrivent. Korobkine, sa femme et Lioulioukov les félicitent.

Scène 5

Dobtchinski et Bobtchinski à leur tour les félicitent en criant le nom de la fiancée et lui souhaitent plein de bonheur.

Scène 6

Louka Kouitch et sa femme viennent devant Anna Andréïevna et l'embrassent tour à tour. Le bourgmestre demande à ce que tous s'assoient.

Scène 7

Le gendarme et le commissaire les rejoignent. Le bourgmestre raconte le récit de la demande en mariage. Lui et sa femme annoncent leur départ pour Saint-Pétersbourg. Le bourgmestre promet de les aider quand il sera Général. Anna

Andréïevna refuse. Deux femmes s'indignent.

Scène 8

Le directeur des postes entre hors d'haleine, il vient de décacheter la lettre que Khlestatov avait confiée. C'est un usurpateur. Le directeur des postes lit la lettre et quand un passage touche l'un d'entre eux, il est prié de ne pas le lire. Tous se font insulter. Ils se plaignent, ne comprennent pas comment ils ont pu se faire berner. Dobtchinski et Bobtchinski sont accusés d'être les responsables de cette tromperie, car ce sont eux qui ont averti de la présence d'un homme étrange. Ils se font insulter.

Scène 9

Un gendarme arrive, il annonce la venue d'un haut fonctionnaire. Tous s'arrêtent de stupeur. Ils sont pétrifiés, comme des statues.

LES RAISONS
DU SUCCÈS

Extrait d'une lettre écrite par Nikolaï Gogol tout de suite après la représentation du *Révizor* : « On a joué le *Révizor* – et je suis plein d'un sentiment si trouble, si étrange... Je m'y attendais, je savais à l'avance comme les choses se passeraient, et, en même temps, je me sens envahi par une sensation de tristesse et de dépit écrasant. Mon œuvre m'a paru repoussante, absurde, et comme pas du tout à moi. »

« Dès le début de la représentation dans la salle, je me sentais morne. Je me fichais de l'enthousiasme et de l'accueil du public. De tous les juges qui se trouvaient dans la salle, je n'en craignais qu'un seul, et, ce juge, c'était moi-même. Au fond de moi, j'entendais des reproches et des murmures contre ma propre pièce qui assourdissaient tous les autres. Mais le public, en général, était content. La moitié a même reçu la pièce avec cœur ; l'autre moitié, comme d'habitude, l'a critiquée, pour des raisons, pourtant qui n'avaient rien à voir avec l'art. »

Le 19 avril 1836, Nikolaï Gogol représente pour la première fois *Le Révizor* au public : parmi eux, Nicolas 1er, qui grâce à Madame Smirnov lui accorde le droit de le mettre en scène au Théâtre Alexandra, théâtre impérial de Saint-Pétersbourg. La réaction est immédiate et se fait ressentir en salle : un scandale éclate. Les hauts fonctionnaires présents ainsi que la société mondaine pétersbourgeoise, qui gravite autour de l'empereur, s'insurgent contre le message transmis par la comédie : ces conservateurs y voient une critique idéologique et politique menée contre l'empire. Annenkov, témoin de la scène et écrivain, s'insurge : « C'est une invraisemblance, une calomnie et une farce. »

Dès les premiers instants, sous les yeux du dramaturge qui assiste également à la représentation, avant même que la pièce ne soit achevée, celle-ci est victime d'un malentendu. La pièce inspirée d'une anecdote vécue par un ami de Pouchkine, loin d'être vraisemblable, est réelle. Nikolaï Gogol est surpris par cette réaction extrémiste, lui qui ne voyait en sa pièce qu'une comédie inoffensive, une anecdote drôle mise en scène. Nicolas 1er, selon plusieurs témoins dont l'acteur Karatyguine, aurait prononcé cette sentence : « En voilà une pièce ! Chacun en a pris pour son grade, et moi plus que d'autres ! »

Extrait d'une lettre écrite par Nikolaï Gogol tout de suite après la représentation du *Révizor* : « Qu'ils aillent au diable, tous ; ma pièce me dégoûte. Je voudrais m'enfuir Dieu sait où, et le voyage qui m'attend, le bateau à vapeur, la mer, et les cieux lointains peuvent seuls me ranimer. »

Certainement traumatisé par cet échec et la virulence de la réaction attendue, Nikolaï Gogol n'assiste pas aux autres représentations qui se font cette fois-ci au Petit Théâtre de Moscou. Le public identique au premier réagit de la même façon, il ne s'identifie pas au personnage du *Révizor*, ni aux fonctionnaires tournés en ridicule, il réagit en fervent protecteur du conservatisme c'est-à-dire contre la critique générale potentiellement interprétée contre l'administration publique.

Les libéraux, quant à eux, s'emparent du *Révizor* comme d'une arme contre ce conservatisme et font de cette pièce un panégyrique.

Biélinski, traducteur, critique et dramaturge véhément, le qualifie de : « Théâtre national russe qui pénètre profondément la réalité vivante de la Russie tout entière. »

Le Révizor fait figure d'outsider à une époque où le public, fonctionnaire, mondain et petit peuple, se nourrit uniquement d'opéras, de ballets, de mélodrames et de vaudevilles. Les libéraux se reconnaissent dans une œuvre, même si cela tient du malentendu, engagée politiquement au sein d'un régime autoritaire. De plus, la présence de l'empereur lors de la première représentation renforce la valeur scandaleuse de la pièce.

Le grand public, loin du scandale politique et de la discorde littéraire, apprécie *Le Révizor* comme une comédie de mœurs légère. *Le Révizor* est par la suite renié par son auteur, puis remanié plusieurs fois, et représenté jusqu'à la mort de ce dernier.

La pièce est imprimée en France en 1853 avec pour traducteur l'auteur Mérimée. Nikolaï Gogol a été mis en scène en France assez tardivement, à la fin du XIXe siècle. Son chef d'œuvre dramatique, la première version du *Révizor* n'a été représentée que quatre fois et sous le nom de « Les Russes peints par eux-mêmes », ce qui n'a pas plu au public français. Une deuxième mise en scène fut organisée par Lugné-Poe en 1898. Ce fut un succès et les représentations furent multipliées au XXe siècle (en 1948 par André Barsacq au Théâtre de l'Atelier ; en 1967 par Edmond Tamiz au Théâtre de l'Est parisien). En 1967, la pièce est mise en musique par Werner Egk.

LES THÈMES PRINCIPAUX

Nikolaï Gogol construit l'espace de la ville autour de plusieurs pôles institutionnels incarnés par leurs directeurs. Ces différents pôles régissent la vie au quotidien de la population, ce sont les pôles éducatif, judiciaire, médical, de communication et d'administration. Chacun de ces pôles possèdent un représentant et un lieu de référence qui matérialisent ces institutions : Louka Loukitch Khlopov est inspecteur des collèges ; Ammos Fiodorovitch Liapkine-Tiapkine est juge et gère un tribunal ; Artémi Filippovitch Lafraise est curateur des œuvres de charité ; Ivan Kouzmitch Chpékine est directeur des postes et Anton Antonovitch Skvoznik-Dmoukhanovski, bourgmestre.

En regroupant ces pôles, Nikolaï Gogol a voulu faire de sa pièce le reflet de l'entière société dans laquelle il vit. La ville dans laquelle se déroule l'action est un microcosme expérimental dans lequel il est permis de comprendre le fonctionnement de l'administration et, surtout, de comprendre son fonctionnement avec l'intervention d'un élément perturbateur qui est l'arrivée du révizor. Même si l'anecdote du malentendu est véritable, elle n'est pas moins révélatrice de vérité et met en exergue l'instabilité du système de gouvernance comme il est possible de le faire lors d'une expérience d'étude.

Il apparaît dès le début que le système administratif est organisé en hiérarchie et que les relations hiérarchiques s'établissent selon un lien de dominant/dominé tyrannique et monarchique. Les scènes trois à onze de l'acte IV s'apparentent à des demandes d'audience. La demande d'audience faite au roi permet à ceux qui le veulent de faire une requête. Ici Khlestakov est considéré comme le roi. Il est le détenteur du pouvoir et peut agir défavorablement ou favorablement avec une personne. Il peut être le sauveur ou le bourreau. Khlestakov choisit dès le début d'être bon roi, un roi courtois (acte IV, scène 3 : « Asseyez-vous, je vous en prie »), humble (acte IV, scène 4 : « Mais il n'est pas fier pour deux sous ; il pose des questions sur tout. »), généreux (acte IV, scène 5 : « Un petit cigare ? (*Il lui tend un cigare*)) et flatteur (acte IV, scène 6 : « Dîtes-moi, s'il vous plaît, j'ai l'impression que vous avez un peu grandi depuis hier, non ? »). Le fait que toutes les catégories de la population, marchands et hauts fonctionnaires, se présentent à lui lui octroie une toute puissance. C'est seulement lorsque les sujets s'asservissent que le roi peut régner. Même si Khlestakov n'est pas révizor, il obtient son statut par allégeance du peuple.

L'argent est au centre de toutes les préoccupations car il procure le pouvoir, il active la vénalité et est source de corruption ou de malfaisance. Le curateur des œuvres de charité fait des économies sur les médicaments : acte I, scène 1 : « Nous n'employons jamais de médicaments coûteux. L'homme, c'est simple ; s'il meurt, il meurt de toute façon ; s'il guérit, il le fera sans nous », de même que l'inspecteur des écoles : acte I, scène 1 : « Alexandre de Macédoine est un héros, la chose est entendue, mais à quoi bon casser les chaises ? Ca fait un trou dans le budget. » Khlestakov est, par ailleurs, intronisé révizor par Bobtchinski, Dobtchinski et le bourgmestre car : acte I, scène 3 : « C'est lui, il ne paie pas, et il ne part pas. Qui ça pourrait être, si ce n'est pas lui ? » Seule une personne haut gradée dans l'administration peut se permettre de ne pas payer et d'avoir l'outrecuidance de demeurer au même endroit et de faire valoir ses droits de gratuité. Le mépris de l'argent est signe de richesse et, par conséquent, de pouvoir. Seul l'homme corrompu qui reçoit de l'argent est riche. *A contrario*, donner de l'importance à l'argent est signe de pauvreté et, par conséquent, de faiblesse. De ce fait, le bourgmestre et ses pairs sont, dès le début, inférieurs à Khlestakov dans leurs relations avec l'argent. Ce qui leur fait penser qu'il est révizor.

Cette relation de pouvoir, de dominant-dominé crée un empire de la crainte : acte I, scène 1 : « La hiérarchie n'est pas si bête : nous sommes peut-être loin, mais, elle, elle ouvre l'œil. » Nikolaï Gogol se réfère à la volonté du tyran d'une omniscience et d'une omniprésence complète sur son territoire. Savoir, c'est pouvoir réprimer les libéraux ou révolutionnaires potentiels ou bien c'est pouvoir récompenser les fidèles. Le révizor est l'incarnation de cette crainte, il a pour mission d'être l'œil du tsar et de lui rapporter les faits et gestes de l'administration provinciale. « Qu'est-ce qu'une comédie sans vérité ni méchanceté ? » s'exclame Pierre Viazemski dans *Polnoe Sobranié Socinienij*. Nikolaï Gogol joue avec cette crainte sur ces cobayes. La crainte est d'autant plus forte que le révizor est supposé leur rendre visite incognito (acte I, scène 1 le bourgmestre : « Moi, ce qui m'obsède, c'est ce maudit incognito. »), c'est-à-dire que la peur s'amplifie avec le temps et se transforme en une véritable paranoïa et tout étranger à la ville peut devenir potentiellement le révizor, c'est ce qui a conduit également Bobtchinski, Dobtchinski et le bourgmestre à introniser Khlestakov.

Il existe un déséquilibre de pouvoir entre la province et la capitale, Saint-Pétersbourg. Le terme de capitale induit qu'il y a nécessairement une centralisation du pouvoir : plus les villes sont éloignées de Saint-Pétersbourg plus elles sont basses dans l'échelle du pouvoir. La ville anonyme que le bourgmestre administre est isolée : acte I, scène 1 « C'est une ville frontière, ou quoi ? Mais on galoperait d'ici pendant trois ans, on n'arriverait jamais à un Etat. » L'hyperbole est sensible, cependant sa position géographique spécifie bien qu'elle est insignifiante en haut lieu. De plus, Saint-Pétersbourg est considéré par les habitants de la province comme un lieu mythique. Pour la femme du bourgmestre, Saint-

Pétersbourg est le lieu des mondanités, elle rêve d'être une hôte : acte V, scène 1 : « Moi, ce que je veux absolument, c'est que notre maison soit la première de la capitale », et son mari un général : acte V, scène 7 : « Oui, je l'avoue, messieurs, que le diable m'emporte, j'ai sacrément envie d'être général. » En plus d'être le lieu du pouvoir, il est pour les provinciaux le lieu des possibilités. Saint-Pétersbourg semble être le lieu des rêves, un paradis où règnent l'argent, les apparences, les richesses, la valeur.

Du malentendu sur l'identité de Khlestakov naît le comique. Le quiproquo se fait en plusieurs étapes : il y a tout d'abord la méprise des habitants de la ville sur l'identité du révizor, puis Khlestakov, profitant de la situation et de la générosité, qui cache son identité et finit par usurper l'identité du révizor au point que les habitants de la ville croient en ses mensonges, aussi grotesques, invraisemblables et hyperboliques qu'ils soient. La verve de Khlestakov en d'autres conditions est incroyable, tour à tour, il est dramaturge (acte III, scène 6 : « Oui, dans les journaux aussi, j'insère. Des œuvres, d'ailleurs, j'en ai des tas : *Le Mariage de Figaro*, *Robert le diable*, *Norma*. »), Tsar (acte III, scène 6 : « Et c'est intéressant de regarder mon antichambre, quand je suis encore en train de dormir : les comtes et les princes qui se bousculent et qui chuchotent […] On m'écrit même votre Excellence sur mes paquets », directeur d'un bureau (acte III, scène 6 : « Ivan Alexandrovitch, venez diriger le bureau » […] « Si vous voulez, messieurs, j'accepte cette fonction, je l'accepte, je leur dis, si ça vous fait plaisir, je leur dis, mais attention avec moi, pas de blague !...») Le bourgmestre et les autres prennent alors peur. Sans le savoir, Khlestakov provoque la peur chez les habitants de la ville et qu'importe ce qu'il dit : son autorité et sa position l'y autorise. Le comique vient de leur incrédulité, de leur idiotie.

Les personnages, en dépit du comique de parole, grotesque et hyperbolique, doivent, selon les directives de Nikolaï Gogol demeurer le plus naturel possible pour manifester le contraste entre la folie de la pièce et le réalisme de celle-ci :

Avertissement à ceux qui souhaiteraient jouer *Le Révizor* comme il doit l'être (1846) : « Ce qu'il faut craindre le plus, c'est de tomber dans la caricature. Rien ne doit être exagéré ou trivial, même dans les plus petits rôles. [...] Moins l'acteur pensera à faire rire ou être drôle plus il révélera le comique qu'il aura pris de son rôle. »

Avertissement à ceux qui souhaiteraient jouer *Le Révizor* comme il doit l'être (1846) : « Un acteur intelligent, avant de saisir les petites lubies et les infimes particularités extérieures du personnage qui lui est échu, doit s'efforcer de saisir *l'humanité* de l'expression du rôle ; il doit examiner pourquoi ce rôle est amené ; examiner le souci primordial, essentiel de chaque personnage, celui pour lequel il dépense toute sa vie, celui qui fait l'objet réel de ses pensées, le clou perpétuel qu'il garde enfoncé dans la tête. »

Le contraste est ce qui crée la satire sociale. Le réalisme permet au spectateur ou au lecteur de faire un parallèle avec la réalité ou, pour certains, de faire une identification. Cette exigence de Nikolaï Gogol est à l'origine du scandale lors de la représentation. Si la pièce et les personnages avaient été des caricatures grotesques, ridicules, les conservateurs auraient méprisé la pièce et les personnages et ne se seraient pas aperçus de la critique sous-jacente.

Il est évident que l'anecdote aurait pu être propice à tourner en ridicule l'administration publique puisque les représentants de chacun des services font partie de cette administration générale. Cependant, Nikolaï Gogol a préféré gardé intact le sentiment général lié à l'administration en préservant la crainte, la corruption, la vénalité, la centralisation tyrannique de Saint-Pétersbourg. En ce sens, le spectateur assiste non plus à une comédie, elle demeure en premier plan, mais une tragédie survient en second plan. C'est ce qui a frappé le critique littéraire Belinski quand il a vu la pièce et c'est pour cette raison qu'il a fait de Nikolaï Gogol le chef de file d'une littérature nationale engagée politiquement. Belinski assiste à la tragédie du peuple, ces femmes et ces marchands qui se plaignent dans le dernier acte, la tragédie du système social institutionnel, rappelons-le : acte I, scène 1 : « Nous n'employons jamais de médicaments coûteux. L'homme, c'est simple ; s'il meurt, il meurt de toute façon ; s'il guérit, il le fera sans nous. » Le petit peuple souffre de maladies et ne peut obtenir aucune aide de l'Etat, souffre d'une mauvaise éducation et tous les professeurs semblent incompétents, souffre de l'injustice et la justice est inexistante (le tribunal n'est pas visité par Khlestakov), souffre de la censure (le directeur des postes ouvre les lettres et, par conséquent, surveille la population). Le peuple est oppressé et maltraité, ce qui est le cas sous le règne de Nicolas 1er.

ÉTUDE DU MOUVEMENT LITTÉRAIRE

En 1836, les sous-genres dominants sur la scène russe s'apparentent globalement au divertissement : le ballet, l'opéra, le mélodrame et le vaudeville importé de France. Les intrigues sont de natures inoffensives, sont éculées et endorment les esprits. Des opéras tels que *La Norma* de Bellini (Norma, une prêtresse, se venge de son amant qui est tombé amoureux d'une autre femme), *Robert le Diable* de Meyerbeer (mythologie médiévale) et la *Sémiramis* de Rossini (La reine de Babylone, veuve, épouse un nouveau mari, qui n'est autre que le fils de son défunt époux. Celui-ci doit tuer sa mère pour venger son père qu'elle a tué) sont régulièrement représentées.

Gogol dans un article : « Voici déjà cinq ans que les mélodrames et les vaudevilles ont envahi le théâtre du monde entier. »

Entre 1830 et 1848, la Russie est en pleine effervescence intellectuelle. Bien que la Russie bénéficie d'une croissance économique, Nicolas Ier renforce la répression. Il écrase un soulèvement armé en Pologne en 1831. Les intellectuels sont partagés entre l'occidentalisme et le nationalisme slave. Avant cette période, le théâtre national russe est mineur, voire quasi-inexistant.

« De tous les genres de poésie, écrit Bêlinski, c'est la comédie qui a repris le plus faiblement chez nous... En ce qui concerne la comédie, où s'essayèrent une foule d'écrivains, comme Soumarokov, Khéraskov, Kniajnine, Kapnist, Krylov, le prince Chakhovskoï, Zagoskine, Khmêlnitski, Pisarev, etc., malgré la grande richesse de notre littérature en ouvrages de ce genre, il n'y a tout de même rien à signaler que *Le Brigadier* et *Le Mineur* de Fonvizine, *Le Mal de trop d'esprit* de Griboêdov, *Le Réviseur*, *Le Mariage* de Gogol, et ses scènes (le Joueur, le Procès, l'Office). »

Le romantisme s'achève en littérature et le réalisme débute son ascension. Pouchkine réussit à affranchir la littérature russe, et pas seulement le théâtre, du diktat de la littérature étrangère et, plus particulièrement, occidentale. Il s'inspire de ses pairs sans pour autant les imiter. Pouchkine aura inspiré plusieurs générations d'écrivains et aura ouvert une voie à travers l'oppression politique et sociale. Parmi sa génération se trouvent Mikhaïl Lermontov (*Le Prisonnier du Caucase*, 1828), Nicolas Gogol (*Les Âmes mortes*, 1842), Léon Tolstoï (*Guerre et paix*, 1864-1869), Fiodor Dostoïevski (*L'Idiot*, 1868) ou Ivan Tourgueniev (*Un héros de notre temps*, 1841). Le siècle suivant est également inspiré par l'œuvre monumentale et initiatique de Pouchkine : Alexandre Blok, Mikhaïl Boulgakov, Marina Tsvetaïeva et Vladimir Nabokov (*Lolita*, 1955 ; *Pnine*, 1957).

Alexandre Blok à propos de Pouchkine : « Notre mémoire conserve depuis l'enfance un nom joyeux : Pouchkine, ce nom, ce son, empli de joie de nombreux jours de notre vie. Les noms lugubres des empereurs, des chefs de guerre, – les inventeurs d'armes de morts, les bourreaux et les martyres de la vie. Et puis, à côté d'eux, ce nom léger : Pouchkine. »

Cette littérature nationale naît d'un sentiment patriotique. Les écrivains dépeignent la vie russe dans toute sa bassesse, sa trivialité, sa banalité du point de vue de peuple. Le peuple est mis au premier plan, décrit avec réalisme. La structure sociale et le système institutionnel entier est condamné dans l'espoir de voir apparaître des réformes nouvelles et une politique libérale en faveur de la population délaissée par le système. La tâche de la littérature est d'apporter de nouvelles idées, des idées de valeur humaine sous l'influence de Fichte et de Hegel, à portée éducative. La forme, les techniques d'écriture, même si cette littérature compte des dizaines de chef d'œuvres, étaient négligées. Gogol, avec le Révizor, est devenu malgré lui le chef de file de cette esthétique. Belinski, critique littéraire engagé voyant en cette pièce la réunion de tous ces critères esthétiques et idéologiques.

Ivan Gontcharov publie en 1859 Oblomov. Le roman raconte l'histoire d'un propriétaire terrien pétersbourgeois qui cultive sa terre et qui fait preuve d'une grande paresse. Le roman est considéré comme une satire de la noblesse russe du XIXe siècle. Oblomov est aujourd'hui une antonomase en Russie. Le terme désigne une personne inactive vouée au malheur. Ce personnage est devenu a fortiori un personnage typique de la littérature réaliste et nationaliste, il représente le prolétariat russe. La représentation qui figure derrière le nom d'Oblomov est supposée être celle de tout un peuple opprimé. A partir de cette considération, une identité nationale se cristallise autour d'un malheur commun qui fait la condition du Russe.

Dans la première moitié du XIXe siècle, toute œuvre ayant une visée publique : représentation théâtrale, lecture publique ou publication est soumise à la censure. D'abord tolérante, la censure se durcit sous Nicolas Ier. Quasiment tout service administratif pouvait exercer un contrôle sur les écrits destinés à la publication (autorité militaire, Église, universités, Chancellerie impériale), ce qui a eu pour conséquence une majorité d'œuvres censurées ou détruites durant cette époque, plutôt que publiées.

Aussi, comme la littérature s'avère être le seul support d'expression au service d'une pensée libérale, à tendance libertaire, plusieurs écrivains se sont révoltés contre ce système et ont multiplié les critiques acerbes contre la Russie. Dans cette veine extrémiste, le Prince Viazemski fait preuve d'une grande véhémence contre l'empire russe : poète, traducteur et critique littéraire russe, alors jeune officier, il s'allie aux troupes polonaises qui subissent le joug de l'empire et à l'armée napoléonienne contre la Russie.

DANS LA MÊME COLLECTION
(par ordre alphabétique)

- **Anonyme**, *La Farce de Maître Pathelin*
- **Anouilh**, *Antigone*
- **Aragon**, *Aurélien*
- **Aragon**, *Le Paysan de Paris*
- **Austen**, *Raison et Sentiments*
- **Balzac**, *Illusions perdues*
- **Balzac**, *La Femme de trente ans*
- **Balzac**, *Le Colonel Chabert*
- **Balzac**, *Le Lys dans la vallée*
- **Balzac**, *Le Père Goriot*
- **Barbey d'Aurevilly**, *L'Ensorcelée*
- **Barbey d'Aurevilly**, *Les Diaboliques*
- **Bataille**, *Ma mère*
- **Baudelaire**, *Les Fleurs du Mal*
- **Baudelaire**, *Petits poèmes en prose*
- **Beaumarchais**, *Le Barbier de Séville*
- **Beaumarchais**, *Le Mariage de Figaro*
- **Beauvoir**, *Mémoires d'une jeune fille rangée*
- **Beckett**, *En attendant Godot*
- **Beckett**, *Fin de partie*
- **Brecht**, *La Noce*
- **Brecht**, *La Résistible ascension d'Arturo Ui*
- **Brecht**, *Mère Courage et ses enfants*
- **Breton**, *Nadja*
- **Brontë**, *Jane Eyre*
- **Camus**, *L'Étranger*
- **Carroll**, *Alice au pays des merveilles*
- **Céline**, *Mort à crédit*

- **Céline**, *Voyage au bout de la nuit*
- **Chateaubriand**, *Atala*
- **Chateaubriand**, *René*
- **Chrétien de Troyes**, *Perceval ou le conte du Graal*
- **Chrétien de Troyes**, *Yvain ou le Chevalier au lion*
- **Cocteau**, *La Machine infernale*
- **Cocteau**, *Les Enfants terribles*
- **Colette**, *Le Blé en herbe*
- **Corneille**, *Le Cid*
- **Crébillon fils**, *Les Égarements du cœur et de l'esprit*
- **Defoe**, *Robinson Crusoé*
- **Dickens**, *Oliver Twist*
- **Du Bellay**, *Les Regrets*
- **Dumas**, *Henri III et sa cour*
- **Duras**, *L'Amant*
- **Duras**, *La Pluie d'été*
- **Duras**, *Un barrage contre le Pacifique*
- **Flaubert**, *Bouvard et Pécuchet*
- **Flaubert**, *L'Éducation sentimentale*
- **Flaubert**, *Madame Bovary*
- **Flaubert**, *Salammbô*
- **Gary**, *La Vie devant soi*
- **Giraudoux**, *Électre*
- **Giraudoux**, *La Guerre de Troie n'aura pas lieu*
- **Gogol**, *Le Mariage*
- **Homère**, *L'Odyssée*
- **Hugo**, *Hernani*
- **Hugo**, *Les Misérables*
- **Hugo**, *Notre-Dame de Paris*
- **Huxley**, *Le Meilleur des mondes*
- **Jaccottet**, *À la lumière d'hiver*
- **James**, *Une vie à Londres*
- **Jarry**, *Ubu roi*

- **Kafka**, *La Métamorphose*
- **Kerouac**, *Sur la route*
- **Kessel**, *Le Lion*
- **La Fayette**, *La Princesse de Clèves*
- **Le Clézio**, *Mondo et autres histoires*
- **Levi**, *Si c'est un homme*
- **London**, *Croc-Blanc*
- **London**, *L'Appel de la forêt*
- **Maupassant**, *Boule de suif*
- **Maupassant**, *Le Horla*
- **Maupassant**, *Une vie*
- **Molière**, *Amphitryon*
- **Molière**, *Dom Juan*
- **Molière**, *L'Avare*
- **Molière**, *Le Malade imaginaire*
- **Molière**, *Le Tartuffe*
- **Molière**, *Les Fourberies de Scapin*
- **Musset**, *Les Caprices de Marianne*
- **Musset**, *Lorenzaccio*
- **Musset**, *On ne badine pas avec l'amour*
- **Perec**, *La Disparition*
- **Perec**, *Les Choses*
- **Perrault**, *Contes*
- **Prévert**, *Paroles*
- **Prévost**, *Manon Lescaut*
- **Proust**, *À l'ombre des jeunes filles en fleurs*
- **Proust**, *Albertine disparue*
- **Proust**, *Du côté de chez Swann*
- **Proust**, *Le Côté de Guermantes*
- **Proust**, *Le Temps retrouvé*
- **Proust**, *Sodome et Gomorrhe*
- **Proust**, *Un amour de Swann*
- **Queneau**, *Exercices de style*

- **Quignard**, *Tous les matins du monde*
- **Rabelais**, *Gargantua*
- **Rabelais**, *Pantagruel*
- **Racine**, *Andromaque*
- **Racine**, *Bérénice*
- **Racine**, *Britannicus*
- **Racine**, *Phèdre*
- **Renard**, *Poil de carotte*
- **Rimbaud**, *Une saison en enfer*
- **Sagan**, *Bonjour tristesse*
- **Saint-Exupéry**, *Le Petit Prince*
- **Sarraute**, *Enfance*
- **Sarraute**, *Tropismes*
- **Sartre**, *Huis clos*
- **Sartre**, *La Nausée*
- **Senghor**, *La Belle histoire de Leuk-le-lièvre*
- **Shakespeare**, *Roméo et Juliette*
- **Steinbeck**, *Les Raisins de la colère*
- **Stendhal**, *La Chartreuse de Parme*
- **Stendhal**, *Le Rouge et le Noir*
- **Verlaine**, *Romances sans paroles*
- **Verne**, *Une ville flottante*
- **Verne**, *Voyage au centre de la Terre*
- **Vian**, *J'irai cracher sur vos tombes*
- **Vian**, *L'Arrache-cœur*
- **Vian**, *L'Écume des jours*
- **Voltaire**, *Candide*
- **Voltaire**, *Micromégas*
- **Voltaire**, *Zadig*
- **Zola**, *Au Bonheur des Dames*
- **Zola**, *L'Argent*
- **Zola**, *L'Assommoir*
- **Zola**, *Nana*